SUR LES
GOUVERNEMENS
EN GÉNÉRAL,

Et en particulier sur celui qui nous convient. (1)

Par ATHANASE AUGER.

CHERS CONCITOYENS ET FRÈRES,

Je me suis toujours éloigné autant que j'ai pu de tout ce qu'on appelle société, parce que j'ai toujours voulu garder ma pensée libre, et que la plupart des sociétés ont des opinions dominantes dont elles ne souffrent guère qu'on s'écarte. Mais loin de me repousser les amis de la vérité m'ont attiré puissamment à eux, et je me suis dit, les amis de la vérité seront les

---

(1) Ce discours devoit être prononcé *à l'assemblée fédérative* des amis de la vérité, dont le cercle social a fermé la tribune, jusqu'à ce qu'enfin l'on ait bien compris que *l'ignorance*, *l'oubli et le mépris des droits des hommes*, *sont la cause des malheurs publics et la corruption des gouvernemens*; vérité importante que les législateurs ont reconnue, et qui sans doute un jour ne sera plus le texte d'un vain formulaire, *Note du Sec. du C. S.*

A

miens. Vérité et liberté , deux choses absolument inséparables : il est impossible d'aimer l'une sans aimer l'autre. Toute ame amie du vrai est une ame libre et fière. Aussi remarquez, Citoyens, que les tyrans et les despotes ont toujours fui la vérité , et que la vérité a toujours fui leurs cours. C'est dans des sociétés telles que les vôtres qu'elle trouve un asyle et qu'elle peut exercer librement son empire. Cette tribune est comme un trône où elle domine, et d'où elle peut faire entendre sa voix sans choquer les oreilles de ceux qui font profession d'être ses amis. Je le jure à la face de tous ceux qui m'écoutent ; non , je ne la déshonorerai jamais cette tribune où je parle, en proférant une opinion qui ne seroit point la mienne. Mon opinion pourra être fausse ; mais l'erreur même dans ma bouche sera toujours un hommage rendu au fond de mon cœur à la vérité que je professe.

C'est avec cet esprit, c'est sans aucune prévention quelconque , qu'ait pu faire naître en moi l'habitude d'un gouvernement dans lequel j'ai vécu , ou le commerce de toute ma vie avec les anciens républicains , que j'ai examiné la question importante qui vous occupe. Je viens offrir aux amis de la vérité , à des hommes qui écoutent tout avec des esprits non prévenus , je viens leur offrir des réflexions que j'ai méditées avec toute l'attention dont je suis capable. Ce n'est qu'après avoir bien fixé mes idées que je les leur présente , et que je les soumets à leur examen.

J'ai entendu à cette tribune un orateur que je n'ai point l'avantage de connoître , mais qui m'a semblé avoir des notions politiques , un

esprit vif , et un ardent patriotisme. Je l'avoue-
rai cependant , j'ai été fâché pour lui de le voir
embrasser une opinion , prendre le parti de la
monarchie , et huit jours après changer de sen-
timent , annoncer qu'il est pour la république.
Il me semble que ce n'est point assez se res-
pecter soi-même , ni l'importance de la question que l'on traite , ni l'assemblée à qui l'on
parle , que de paroître devant elle sans avoir
bien établi ses idées , sur-tout quand on discute
un objet aussi important , un objet d'où dé-
pendent la dignité et le bonheur d'un grande
nation.

Au reste , un philosophe distingué dont on
a lu ici le mémoire , et plusieurs citoyens à
cette tribune , se sont déclarés hautement pour
la république. Et moi aussi , je veux une république , mais une république telle qu'elle peut
convenir à des François. Je me propose d'examiner dans ce discours le plus briévement que
je pourrai , quel seroit , suivant moi , le plus
parfait gouvernement , quel est celui qui nous
convient davantage.

L'établissement des sociétés est , sans doute ,
le chef-d'œuvre de l'intelligence humaine. On a
peine à concevoir comment des hommes ayant
de violentes passions , jouissant d'une liberté
indéfinie , libres dans tous leurs mouvemens ,
regardant l'air , la terre et l'eau comme leur do-
maine , uniquement occupés de leur conserva-
tion , ont pu être déterminés par d'autres hommes à se rassembler dans un même lieu , à ha-
biter sous un toit , à cultiver un petit espace de
terrein , à mettre sous le joug des loix leur
volonté propre. Mais que d'imperfections dans

toutes nos sociétés ! J'y vois un petit nombre d'hommes nageant dans l'abondance, regorgant de superflu, maîtres de vastes domaines, tandis qu'une multitude d'autres hommes, quoique formés du même limon et partageant la même nature, manquent du plus étroit nécessaire, gémissent humiliés et dégradés par l'indigence, courbés sous la peine, vendent leurs travaux et leurs sueurs à des hommes comme eux. Frappé de ces misères et d'autres encore dont le tableau l'attristoit et le révoltoit, un grand philosophe étoit tenté, dans sa mauvaise humeur, de renoncer à notre vie policée et de retourner à la vie sauvage. Mais laissons Rousseau déclamer contre la société en général avec son éloquence ordinaire ; examinons comment il seroit possible de perfectionner nos grandes sociétés autant que la foiblesse humaine le comporte.

On a distingué parmi les hommes trois sortes de gouvernemens principaux, la démocratie, l'aristocratie, la monarchie. Chacun de ces trois gouvernemens a ses inconvéniens et ses avantages.

La démocratie est le gouvernement de la multitude. La multitude ne veut que ce qui est bon, juste, honnête ; il est impossible de la corrompre, de la déterminer à faire le mal comme mal ; elle ne fait le mal que parce qu'il se présente à elle ou qu'on le lui présente comme bien : même lorsqu'animée et furieuse elle se porte à des violences, à des cruautés qui font horreur, elle croit n'accomplir qu'un grand acte de justice et donner un exemple éclatant, propre à effrayer les coupables. Il semble d'ailleurs qu'il est dans l'ordre , qu'il est conforme à la raison et à la nature que tous soient consultés et prononcent sur les intérêts de tous , d'autant plus que c'est pour eux-mêmes qu'ils délibèrent , et qu'ils prononcent.

Mais d'abord , pour discuter en premier lieu le dernier article , lorsque la grande société s'est étendue considérablement , l'application de ce principe si vrai et si naturel , que tous doivent délibérer et prononcer sur les intérêts de tous , devient impossible : il faut que l'universalité des individus se nomme des représentans qui agissent pour eux et en leur nom. J'ajoute que la multitude étant naturellement peu instruite , les factieux , les séditieux , les ambitieux , dont un état ne manque jamais , travaillent à la tromper et à la séduire , se servent d'elle comme d'un instrument pour perdre leurs ennemis , la font souvent agir contre son propre avantage , ou en lui montrant la liberté la conduisent à la servitude sans qu'elle s'en apperçoive. Enfin la multitude est à la fois lente et précipitée dans ses opérations , parce que c'est un corps immense à remuer ; et que ce corps une fois mis en mouvement pousse les affaires par une impétuosité aveugle plutôt qu'elle ne les dirige. Les anciens la comparoient à la mer qui de sa nature est calme et tranquille , mais qui soulevée par les vents trouble et renverse tout dans ses agitations tumultueuses.

L'aristocratie est le gouvernement des meilleurs ; c'est ce qu'emporte l'étymologie du mot , et ce qu'elle étoit dans l'origine. Le gouvernement des meilleurs , c'est-à-dire , de ceux qui ont plus d'âge, d'expérience et de lumières, en un mot des plus sages. Comme naturellement les nobles et les riches sont plus à l'abri des besoins, qu'ils ont reçu une éducation plus honnête, qu'ils sont censés avoir plus de tems pour s'instruire, ils ont été mis dans la classe des meilleurs. Il semble qu'il n'y ait rien de plus sage que de remettre l'autorité entre les mains des sages, d'une compagnie d'hommes qui déja instruits s'éclairent mutuellement, qui gouvernent d'après des principes, qui réglent avec calme les affaires : mais l'expérience nous apprend que ces sages ne tardent pas à abuser de leurs lumières pour former entre eux un système d'oppression, pour tromper le peuple, le tenir dans l'ignorance, la pauvreté et la dependance ; ils deviennent cruels avec art, injustes avec étude ; leur nom et leurs richesses leur inspirent un orgueil insupportable ; ils ne regardent plus les autres hommes qu'avec un dédain superbe, comme indignes de communiquer avec des êtres d'une nature supérieure ainsi qu'ils s'imaginent ; les honneurs et les places ne sont plus la récompense du mérite, mais le patrimoine de leurs enfans, dont les autres sont exclus, sont repoussés comme des profanes ; leur domination est d'autant plus accablante, que réunis en corps, se gouvernant par des maximes, et l'odieux du despotisme se partageant entre plusieurs membres, leur tyrannie est toujours dure, inflexible, sans pitié et sans pudeur.

J'ai parlé des nobles. Nous avons vu chez nous une noblesse toute militaire. Celle-là se piquoit d'ignorance : elle auroit cru déroger en se

(7)

livrant aux sciences , aux lettres et aux arts. Une valeur brillante , une fierté incapable de souffrir aucune insulte , faisoit toute la vertu de nos nobles : ou plutôt ils dédaignoient la vertu, ils la laissoient aux roturiers et au peuple , et avoient pris pour eux l'honneur. Ils contractoient des dettes qu'ils ne payoient pas , ils prodiguoient l'or et refusoient le salaire à un misérable artisan , ils égorgeoient un ami pour une simple parole , ils se faisoient justice à eux-mêmes contre toutes les règles d'une bonne administration , ils portoient la désolation dans une famille honnête en déshonorant une fille simple et pudique , ils n'avoient ni mœurs ni principes ; en un mot (qu'on me permette une expression connue) c'étoient des *roués* , mais pleins d'honneur. Pour moi sans examiner ce qu'est cet honneur si vanté par certains nobles , sans chercher à le définir , sans l'attaquer ni le défendre , je dis que si l'honneur est autre chose que la probité et la vertu , c'est un vain nom , un mot vuide de sens , c'est même une qualité dangereuse parce qu'avec de l'honneur on se croit dispensé d'avoir de la vertu. Les anciens se servoient du même terme pour exprimer courage et vertu. Je ne montrerai pas combien il y avoit de philosophie dans cette idée ; je vais examiner sur le champ et en peu de mots la monarchie , comme j'ai considéré l'aristocratie et la démocratie.

Dans le gouvernement monarchique , l'autorité se trouve entre les mains d'un seul , et par conséquent il y a plus d'unité , plus de secret , plus de promptitude , plus de concert dans les opérations. Sur-tout si la machine est d'une certaine étendue , il paroît convenable qu'il y ait un centre unique auquel toutes les parties se rapportent , un seul grand ressort qui les fasse toutes mouvoir. On peut dire en faveur de la monarchie , que , si on la suppose dans toute sa perfection , c'est le plus parfait de tous les gouvernemens. Un monarque qui a toutes les qualités nécessaires pour régir un grand empire , n'établit de loix , n'impose de subsides , qu'après avoir consulté tout le peuple ; en même-tems qu'il sait contenir tous les méchans et tous les factieux , il rassemble autour de lui tous les sages de son royaume ; tous les hommes de mérite sont mis chacun à leur place , et employés selon leurs talens ; l'indigence est déchargée de tout impôt et soulagée dans tous ses besoins ; les sciences , les lettres et les arts sont encouragés ; tout marche avec ordre , et offre le plus beau tableau que puisse offrir l'humanité.

Mais pour un prince que le ciel dans sa bonté donne à la terre , combien de tyrans , de despotes , sans énergie ou n'ayant d'énergie que pour opprimer , regardant les peuples comme de vils troupeaux , faits pour servir à leur faste , à leurs plaisirs et à leurs débauches , faits pour traîner le char de leur grandeur , pour contenter tous leurs caprices , pour exécuter leurs projets insensés ! Qu'est-il besoin de tout dire , et de recueillir tous les traits pour achever un tableau que les peuples à leurs dépens n'ont que trop appris à connoître ?

Après avoir balancé les inconvéniens et les avantages des trois gouvernemens principaux , voyons quel seroit le meilleur des gouverne-

(9)

mens. O vous qui m'écoutez , citoyens de tous les états , en vous parlant de gouvernemens , je ne crois pas vous entretenir de questions oiseuses , de questions qui ne doivent être traitées que par des philosophes et des politiques : il y a quelques années elles vous auroient paru indifférentes , aujourd'hui elles doivent vous intéresser particulièrement , et vous en parler c'est vous parler de vos propres affaires. Vous avez vu que la démocratie , l'aristocratie et la monarchie ont chacune leurs avantages et leurs inconveniens : je vous préviens à ce sujet de vous défier de quiconque exagère on diminue ces inconvéniens et ces avantages pour déprimer ou pour vanter l'espèce de gouvernement qu'il abhorre ou qu'il affectionne ; regardez-le comme un sophiste et un déclamateur qui se trompe lui-même ou qui veut vous tromper.

Remarquez encore (je vous demande ici un peu d'attention) qu'il n'y a jamais eu dans le monde de démocratie absolue , ni d'aristocratie absolue , ni de monarchie absolue. Je m'explique. Dans le gouvernement le plus démocratique , il y a toujours un sénat , et au moins deux premiers magistrats annuels. Or le sénat est la partie aristocratique de ce gouvernement ; les deux premiers magistrats annuels en sont la partie monarchique , car ces deux magistrats ne sont autre chose que deux rois annuels. Pourquoi donc appelle-t-on ce gouvernement démocratique ? c'est que le peuple y a la principale autorité , et que la démocratie y domine. Quoique ni l'aristocratie , ni la monarchie n'admettent le peuple comme partie intégrante de l'administration , comme ayant quelque part aux affaires publiques, on peut dire néanmoins que certaines opinions populaires contiennent les chefs de ces gouvernemens , et qu'ils ne sont pas absolument les maîtres. Dans le régime le plus despotisque , où la volonté du monarque paroît la moins contrainte , il y a toujours des loix civiles et religieuses auxquelles il n'oseroit toucher. Pourquoi ne l'oseroit-il pas ? Qu'est-ce qui l'arrêteroit ? C'est que le peuple se souleveroit aussitôt et renverseroit le despote qui essaieroit de renverser ces loix. Ainsi là même le peuple a quelque influence et quelque pouvoir. Là plus qu'ailleurs le reveil de ce peuple endormi dans la servitude est terrible , et bien des têtes des plus grands seigneurs sont abattues pour le satisfaire. Mais après ces explosions subites et tumultueuses , il retombe bientôt dans son obéissance stupide et dans sa léthargique tranquillité.

Vous , François , qui à une ame grande et noble , joignez tant de lumières et de connoissances , vous donnerez un autre exemple au monde. Non , votre insurrection ne sera pas un mouvement passager , une fougue impétueuse qui n'aura aucune suite , vous la consacrerez , pour ainsi dire , et vous la consoliderez par de bonnes loix faites dans le calme de la sagesse.

Après tout ce que je viens de dire , vous me prévenez , sans doute , sur la nature du meilleur gouvernement possible , et vous pensez ainsi que les sages de tous les siècles , que le meilleur gouvernement seroit celui qui prendroit dans chacun des trois gouvernemens principaux ce qu'il a de meilleur , qui prendroit le moins des inconvéniens de chacun et le plus de ses avantages , qui seroit composé des parties de chacun dans une si juste mesure qu'aucun n'y dominât. En deux mots , le meilleur gouvernement seroit celui où l'on armeroit un chef du pouvoir exécutif de toute la force nécessaire pour faire exécuter la loi avec toutes les précautions convenables pour qu'il ne pût point abuser de cette force , où le peuple , seul souverain , nommeroit lui-même ses représentans et ses magistrats , dont les pouvoirs seroient limités à un certain tems. Je ne m'arrêterai pas à développer cette conséquence de tous mes principes , qui , je crois , n'a pas besoin de développement , et je vais tâcher de montrer quel est le gouvernement qui convient le mieux à des François.

Pouvons - nous décemment délibérer sur la forme de gouvernement que nous adopterons ? Nous est-il libre de revenir sur nos pas ? n'avons-nous point pris notre parti avec une pleine connoissance et d'après le vœu de toutes les provinces ? Aucune à ce sujet n'a varié : toutes ont annoncé dont les mandats donnés à leur représentans qu'elles vouloient conserver la forme monarchique et maintenir sur le trône la maison actuellement régnante. En décrétant ces deux objets d'un accord unanime, sans aucun doute , sans aucune restriction , l'assemblée nationale n'a fait que se conformer aux desirs de la France entière. Tous les Français qui composent l'assemblée , tous ceux qui sont répandus dans ce vaste empire , ont ratifié par plusieurs sermens solemnels cet article fondamental de notre constitution. Qu'est-il donc arrivé de nouveau qui puisse nous faire oublier et des décrets et des sermens que nous avons faits avec une pleine liberté? Le premier fonctionnaire public a pris la fuite , il a quitté son poste , abandonné les rênes du gouvernement : je suppose , comme on l'a dit à cette tribune , qu'il ait protesté , non-seulement contre des parties de la constitution , mais contre la constitution entière , et par conséquent contre l'article qui le fait roi ; je suppose que par sa protestation il ait abdiqué la royauté ; je suppose qu'il ait déclaré formellement le dessein de sortir du royaume , de se mettre à la tête d'une armée d'ennemis et de rebelles. Eh bien ! a-t-il emporté en fuyant l'empire françois , la constitution françoise ? Cet empire et cette constitution ne sont-ils pas toujours les mêmes ? Il change , est-ce une raison pour que nous changions ? il se parjure , nous parjurerons nous à son exemple ? Le roi fuit , la royauté reste telle que nous l'avons décrétée et jurée. Le chef de la nation est inconstant et léger ; la nation est ferme , inébranlable , dans les résolutions qu'elle a prises. Elle pourroit , je le sais , changer entièrement la constitution qu'elle a faite par la raison que c'est elle qui l'a faite ; elle pourroit même retourner au despotisme dont elle a brisé le joug avec un courage si admirable. Je sais quel est son droit ; mais je sais aussi qu'elle n'en usera pas , qu'elle ne se déshonorera pas aux yeux de toute l'Europe , en montrant la mobilité d'un foible enfant qui détruit dans l'instant ce qu'il vient de construire. Ainsi quand je me propose d'examiner quel est le gouvernement qui convient le mieux à des François , ce n'est point que je pense que nous soyons libres de délibérer sur cette matière importante , que nous puissions changer de parti ; mais je veux montrer que le parti que nous avons déja pris , que nous avons pris librement , est le meilleur.

J'ai annoncé au commencement de ce discours que je voulois aussi une république. Oui , je suis républicain , et ce n'est pas la révolution qui m'a fait tel , je l'étois avant cette époque. On peut distinguer diverses sortes de républiques ; république aristocratique , telle que la république de Venise ; république fédérative , telle que nous en avons vu se former une de nos jours ; république avec des magistrats annuels, telles que les républiques de Rome et d'Athènes ; république monarchique , telle que la république de Sparte où il y avoit deux rois non électifs , telle que la république des Anglois qui ont un roi non électif et qui avec ce roi se croient républicains et libres. Je vais parcourir en peu de mots ces diverses sortes de républiques , et je tâcherai de montrer que la dernière séule nous convient.

Vous ne voudriez pas , sans doute, citoyens , d'une république où les nobles , les grands , les riches , commanderoient seuls ; je n'oserois vous la proposer , peut-être même est-ce trop de l'avoir nommée.

Quant à la république fédérative , loin de vous révolter elle pourroit vous plaire. Mais ne seroit-elle pas sujette à beaucoup d'inconvéniens ? ne seroit-ce point partager en un grand nombre de petites puissances une puissance unique , qui par sa masse est imposante et redoutable ? ces diverses puissances dans des pays dont les climats et les esprits sont si différens , ne seront-elles pas tentées de se séparer et de se gouverner suivant des loix particulières ? Quelle

force pourroit les contenir et les en empêcher ?
elles auront des armes pour se défendre et pour
soutenir leur séparation du corps fédératif ; elles
pourront se joindre à d'autres puissances qui
formeront la même entreprise. Voilà donc la
France divisée, et par conséquent moins forte,
moins un état de résister aux ennemis du dehors, qui ne manqueront point de profiter de
ses divisions pour s'emparer des provinces qui
leur conviennent. N'ouvrons pas, si nous sommes sages, n'ouvrons pas un champ aux riva-
lités et aux haines des villes et des régions qui
composent ce beau royaume, qui forment ce
vaste empire, dont une force unique peut réu-
nir toutes les parties et les tourner vers le seul
point de l'intérêt général.

J'ai entendu un orateur à cette tribune essayer
de prouver par des raisonnemens métaphysi-
ques et en apparence démonstratifs, que notre
constitution, pour être d'accord avec elle-
même, devoit admettre une république avec
des magistrats dont le pouvoir seroit limité à
un certain tems. Je n'emploierai pas ici une mé-
taphysique sublime et subtile : avec de la méta-
physique on fait des livres pour amuser d'oisifs
lecteurs, on ne gouverne point des états. Je le
demande, ces magistrats seront-ils annuels
comme dans Rome et dans Athènes ? ou pro-
longera-t-on leur pouvoir pendant plusieurs années ? Sils n'étoient qu'un an en place, ils en
sortiroient avant que d'avoir pu connoître
toutes les parties de l'empire dont le gouvernement seroit remis entre leurs mains. Aussi l'au-
teur du système voudroit qu'ils exerçassent l'autorité au moins pendant six ans. Il demanderoit

même un premier magistrat unique qui seroit
choisi à la fin d'une législature. Il croit qu'en
n'attachant pas de grands revenus à la place de
ce premier magistrat , qu'en fixant son pouvoir
par des loix irrévocables , son élection ne pourroit causer aucune secousse , sa puissance ne
pourroit donner aucun alarme.

Celui qui raisonne ainsi me paroît connoître
mal les dispositions du cœur humain , le carac-
tère des ambitieux et celui du peuple. La première place , par cela seul qu'elle est la première , est enviée par un grand nombre d'hommes qui sont ou se croient en état de l'occuper :
il n'est point de ressort et d'intrigue qu'ils ne
fassent jour pour y parvenir. On connoît le mot
de ce César qui à force de cabales , de factions,
de talens , d'exploits , parvint à être le maître
de la maîtresse du monde : *J'aimerois mieux ,*
disoit-il , *être le premier dans le dernier village
de Rome que le second dans Rome même.* La première place dans un grand état éveillera donc
toujours de toutes parts l'ambition ; et quelque
précaution que l'on prenne , le choix d'un premier magistrat causera toujours une secousse
plus ou moins violente. Et combien ne désirera-
t-on pas d'être membre de la législature qui
devra être chargée de ce choix important ? Et
ce premier magistrat , s'il a de grands talens et
de grands moyens , qui nous répondra qu'il
n'abusera point de sa puissance pour se faire
continuer dans sa place , pour s'y maintenir ,
pour la transmettre même à ses enfans ? Les loix
s'y opposeront , dira-t-on peut-être , il n'aura
point d'argent dans ses coffres. Mais ne saura-t-
il point gagner le peuple qui croira pouvoir en
faveur d'un grand homme enfreindre ou même

changer les loix qu'il aura faites lui-même ? ne saura-t-il point corrompre les gardiens du trésor national ? ne se fera-t-il pas ouvrir les bourses de tous ceux qui se croiront appellés à partager sa puissance ? Il y avoit des loix à Rome qui défendoient de proroger le commandement des généraux : César sut bien engager le peuple à passer en sa faveur par dessus les loix, malgré les oppositions du sénat ; il sut bien se faire ouvrir le trésor ; il se servit pour assujettir le peuple, du peuple lui-même, de ce peuple accoutumé depuis plusieurs siècles à la souveraineté.

François, vous connoissez la monarchie par expérience, vous savez quels sont ses inconvéniens et ses avantages, vous avez vécu sous elle durant bien des siècles, avec elle vous avez joué un rôle dans l'Europe, vous vous êtes distingués par votre valeur, par vos talens et par vos connoissances ; craignez d'essayer d'une nouvelle forme d'administration, dont on vous auroit exagéré les avantages, mais dont on vous auroit déguisé les inconvéniens : inconvéniens qui vous paroîtroient d'autant plus durs que vous n'y êtes pas habitués ; inconvéniens qui précipiteroient peut-être un grand royaume dans une entière dissolution, ou qui nous reporteroient peut-être avec violence à un despotisme dont vous avez brisé courageusement les chaînes. Vous avez trop de fierté et de lumières pour supporter la servitude, vous avez une vivacité trop impétueuse et un empire trop étendu pour jouir d'une liberté extrême. Que votre roi, le chef de votre pouvoir exécutif, ne soit plus le maître de vos fortunes et de vos personnes ; qu'il ait un revenu fixe, tel que le demande la représentation du premier magistrat, du magistrat perpétuel d'un grand peuple ; que vos représentans et vos autres magistrats soient nommés par vous-mêmes ; que la nation soit seule souveraine, que d'elle seule émanent les loix et les pouvoirs : une telle forme de gouvernement, je l'appelle monarchie républicaine ', la seule république qui puisse convenir à des François.

Je vais dire un mot de l'hérédité du trône, en supposant, ce qui n'est pas, qu'on puisse décemment revenir sur un article de la constitution décidé d'après le vœu de toute la France. Je n'examinerai pas si l'on doit conserver ou non de la graine de rois, je ne me permettrai point des plaisanteries dans une matière aussi sérieuse ; mais je dirai qu'il ne paroît point naturel dans une constitution où toutes les places des fonctionnaires publics sont données par élection, d'abandonner au hasard de la naissance la première de toutes, la plus importante ; non cela ne paroît ni naturel, ni convenable : c'est une inconséquence qui révolte au premier coup d'œil. Pourquoi donc avons-nous conservé l'hérédité seulement pour la première place ? c'est précisément parce que c'est la première, et que l'expérience nous a appris qu'il résulte de si terribles inconvéniens de l'élection de cette place dans un grand empire, que pour les éviter il est sage de s'exposer à tous les maux et de courir tous les risques de la succession.

Le raisonnement ne peut rien contre l'expérience, dans les affaires publiques comme dans les affaires particulières ; j'en appelle à tous ceux qui m'écoutent. Qu'un penseur sublime et profond, mais qui n'a que la théorie sans pratique , s'en vienne étaler ses beaux raisonnemens à des marchands ou à des laboureurs bien exercés dans leur art , ils lui diront tout bonnement , vous avez raison , mais l'expérience est contre. Qu'est-ce à dire , vous avez raison , mais l'expérience est contre ? C'est - à - dire , vous raisonnez de façon à me persuader et à me convaincre , mais j'ai pour moi contre vous , quoi ? l'expérience. De même si un homme me démontre , ce qui n'est pas difficile , combien il est absurde , combien il est affreux , d'abandonner au sort des générations la destinée de tant de milliers d'hommes , je lui répondrai tout simplement par l'expérience des siècles ; je lui dirai que les plus célèbres monarchies de l'Europe ont suivi constamment ce système , que la seule qui avoit embrassé celui de l'élection , je veux dire la Pologne , vient d'y renoncer parce qu'il avoit failli souvent opérer sa ruine entière.

Je conclus et je soutiens que nous avons fait et que nous ferons sagement de conserver l'hérédité de la puissance royale ; que , pour notre propre bonheur et notre propre avantage , nous devons maintenir de tout notre pouvoir la monarchie républicaine , telle qu'elle a été sagement décrétée par nos dignes représentans d'après le vœu de toutes les provinces.

Je vous l'ai déjà dit , chers concitoyens et frères , et je vous le répète , au lieu de combattre la constitution , de nous armer contre elle , selon le vœu de nos ennemis , rallions nous tous autour de cette citadelle commune , écartons ceux qui voudroient l'attaquer. Ne nous divisons pas ; nos ennemis se réjouiroient et

profiteroient de nos divisions. Il ne s'agit pas
ici de nous épuiser en de vaines disputes ; il
faut imposer à nos ennemis du dedans et du
dehors par une conduite ferme et sage , qui
leur annonce que nous sommes dignes de la
liberté que nous avons conquise.

De l'Imprimerie du Cercle Social , rue du
Théâtre-François , N°. 4.